ZERBST

FOTOS VON TOBIAS GÜNTHER
UND AUS DEM ARCHIV DES MUSEUMS
DER STADT ZERBST/ANHALT
TEXTE VON HEINZ-JÜRGEN FRIEDRICH

STADT-BILD-VERLAG LEIPZIG

„Sympathisch, gastlich, 1000 Jahre alt". Mit diesem Slogan wirbt die Touristinformation für die Stadt Zerbst, die vor 1945 als das „mitteldeutsche Rothenburg" bezeichnet wurde.

„Zerbst, eine Stadt der Liebe auf den zweiten Blick" titelte ein Journalist aus unserer friesischen Partnerstadt Jever Anfang der 1990er Jahre, als beide Städte die Partnerschaft besiegelten. Wenn Sie, lieber Leser, die Lust mitbringen und sich etwas Zeit nehmen, wird es Ihnen nicht schwer fallen, eine auch heute noch sehenswerte Stadt mit einer ausgesprochen interessanten Geschichte zu entdecken.

Zerbst, das jüngst seinen Kreisstadtstatus abgeben musste und jetzt zum neu gebildeten Landkreis Anhalt-Bitterfeld gehört, kann auf eine lange Geschichte zurückblicken. Nahe der Elbaue und den Ausläufern des Flämings gelegen, boten sich den Menschen in diesem Gebiet gute Lebensbedingungen. Links und rechts der Nuthe, einem Flüsschen, das in drei Armen im Fläming entspringt und bei Barby Zufluss der Elbe wird, finden sich vor- und frühgeschichtliche Siedlungsspuren, die bis in die Steinzeit zurückgehen. Prägend im heutigen Stadtbereich war dann die Bronzezeit vor fast 4.000 Jahren, deren Spuren auch in jüngster Zeit bei Bauarbeiten durch Archäologen sichergestellt wurden.

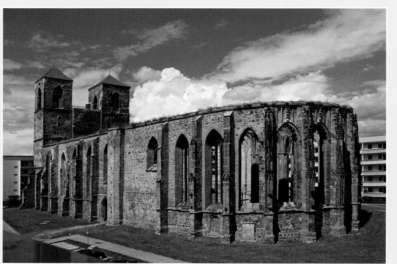

Im Zuge der Völkerwanderungszeit besetzten slawische Stämme auch unser Gebiet. Funde im Bereich des heutigen Schlossgartens weisen auf eine slawische Wallburg hin. Im ursprünglich durch die Nutheniederung sehr sumpfigen Gelände waren ideale Schutzbedingungen gegeben. Die 1196 erstmals urkundlich genannte Burg wurde im Zuge der Ostexpansion von den Deutschen übernommen und als Grenzsicherung ausgebaut.

Im Oktober 948 unterzeichnete König Otto I. in Magdeburg die Gründungsurkunde des Bistums Brandenburg. Seine Ritter hatten die slawischen Gebiete östlich der Elbe erobert. Diese wurden dem Bischof von Brandenburg übereignet. Zu diesen Ländereien gehörte auch das Landgebiet „Ciervisti". Das ist die erste Nennung des Namens von Zerbst. Immer wieder kam es zu Aufständen der unterworfenen Slawen. Bischof Thietmar von Merseburg hielt für das Jahr 1007 fest, dass der polnische Herzog Boleslav Chobry durch die „urbs Zirvisti" zog. Die lateinische Bezeichnung „urbs" für Stadt kennzeichnet wohl keine Stadt im rechtlichen Sinn. Sie deutet auf einen befestigten Ort hin. Für die Zerbster auf jeden Fall Anlass, im Jahr 1907 mit großem Aufwand das 900-jährige Stadtjubiläum zu begehen. Schon 42 Jahre später, 1949, beging man die 1000-Jahr-Feier. Grundlage war diesmal die Gründungsurkunde des Brandenburger Bischofssitzes. Ein außerhalb lebender Zerbster wurde 1949 eingeladen, konnte allerdings nicht teilnehmen. Er bedankte sich und teilte mit, dass er auf jeden Fall 1950 zur 2000-Jahr-Feier kommen würde. Das passierte nicht, aber die gastlichen Zerbster begingen mit vielen Veranstaltungen und einem prächtigen Festumzug 1998 ihr 1050-jähriges Jubiläum.

Die „Civitas" Zerbst wird in einer Urkunde vom Mai 1209, ausgestellt von König Otto IV., erwähnt. 1307 schließlich erwarb Graf Albrecht von Anhalt das Gebiet. Zerbst sollte sich schnell zu einer der bedeutendsten Städte im Land Anhalt entwickeln. Die heutige Stadt bestand ehemals aus zwei heute noch erkennbaren Siedlungen. Südlich der Nuthe lag die schon genannte Burganlage, als Siedlung dazugehörig in östlicher Richtung die Breite. Auf einer Anhöhe nördlich der Nuthe entwickelte sich eine Marktsiedlung. Grundlage waren verschiedene sich hier kreuzende Nah- und Fernhandelswege aus allen Richtungen. So entwickelte sich schon bald ein beachtlicher Handelsplatz. Wichtige Bedeutung hatten im Mittelalter für Zerbst die hier durchgeführten Schlachtviehmärkte. Lukrative Einnahmen brachten zwei Jahrmärkte im August und Oktober, die von Händlern aus nah und fern aufgesucht wurden. Neben Landwirtschaft und Gartenbau waren auch Tuchherstellung und Tuchhandel wichtige Einnahmequellen. Einen besonderen Stellenwert hatten aber das Brauereigewerbe und der Bierexport. Die Brauerinnung gab sich 1375 einen vom Fürsten bestätigten Innungsbrief. Von den in diesem Jahr bekannten 925 Hausstellen in Zerbst waren 557 brauberechtigt. Diese Zahl hielt sich bis zum 30-jährigen Krieg. Große Mengen des lagerfähigen Bieres, das über den eigenen Bedarf hinaus gebraut wurde, war Handelsgut. Grimmelshausens „Simplicissimus" trank es während des Dreißigjährigen Krieges in Magdeburg, Brandenburger Expeditionsteilnehmer Ende des 17. Jahrhunderts auf niederländischen Schiffen vor der afrikanischen Küste und Zarin Katharina II. von Russland orderte im Winter 1770/71 mehrere Wagenladungen. Der Student Ernestus Wagenitz am Gymnasium illustre, der Hochschule für Anhalt in Zerbst, verfasste 1693 seine medizinische Dissertation über das Zerbster Bier. Ein Student namens Johann Wolfgang Goethe wurde in Leipzig festgenommen, weil er nachts durch die Straßen randalierte und nach Zerbster Bier brüllte. Noch viel wäre zum Thema Zerbster Bier zu sagen. Solche Einnahmequellen versetzten die Bürgerschaft in die Lage, ihre Eigenständigkeit gegenüber den fürstlichen Stadtherren zu bewahren.

Auch eine andere Persönlichkeit des 16. Jahrhunderts schätzte das Zerbster Bier. Als der Augustinermönch und Theologieprofessor Martin Luther 1517 im nahen Wittenberg seine Thesen verbreitete, griff die damit ausgelöste Reformation auch schnell auf das große und reiche Zerbst über. Luther weilte erstmals im Mai 1522 in Zerbst. Das Stadtbild hatte sich mittlerweile stark verändert. In der Stadt lebten jetzt rund 6.000 Menschen, damit war Zerbst die größte Stadt in weitem Umkreis. Ein über 4 km langer Mauerring umschloss die Stadt. Zwei große Kirchen, drei reiche Klöster und zahlreiche andere kirchliche Einrichtungen lebten gut von Abgaben und Zuwendungen der Bürger. Auch Ablasshandel brachte der Kirche beachtliche Einnahmen. Luthers Thesen, die sich mit der fragwürdigen Geldpraxis der Kirche auseinandersetzten, fielen in Zerbst auf fruchtbaren Boden. Luther predigte im Augustinerkloster und auch in der Stadt. Ein Zeitgenosse hielt fest, dass er viele „Laien vergiftet" hätte. Mit der gewaltsamen Einnahme 1526 des Franziskanerklosters war Zerbst als erste Stadt in Anhalt und eine der ersten Städte in Deutschland reformiert. In der Folgezeit entwickelte sich

ein reger Kontakt zwischen dem Rat der Stadt und dem Reformator, der für seine Ratschläge mit Bier- und Geldgeschenken bedacht wurde. Auch Luthers Mitstreiter Melanchthon und Bugenhagen hatten Einfluss in Zerbst. Eine zweite Reformation brachte für viele Bürger die Hinwendung zum Kalvinismus. Das führte 1582 zur Gründung einer eigenen Universität für das Land Anhalt, dem Gymnasium illustre.

Verheerend sollte sich der Dreißigjährige Krieg für Zerbst auswirken. Die nahe Elbbrücke zwischen Roßlau und Dessau war 1626 von Wallenstein, dem Heerführer der katholischen Liga besetzt worden. Im März 1626 nahm der Befehlshaber der protestantischen Union, Mansfeld, mit 12.000 Söldnern die Stadt ein. Die im April stattfindende Schlacht führte zu einer Niederlage für ihn, in dessen Folge Wallenstein Zerbst besetzte. Bis zum Kriegsende 1648 hatte die Stadt unter wechselnden Truppen zu leiden. Eingeschleppte Pest und Flucht ließ die Einwohnerzahl auf 2.500 sinken. Die Stadt war in großen Teilen zerstört und finanziell ruiniert.

In dem seit 1603 neben den anhaltischen Fürstentümern Köthen, Bernburg und Dessau selbständig regierten Fürstentum schlossen sich nur langsam die Wunden des Krieges. In der Residenzstadt Zerbst setzte unter Fürst Carl Wilhelm (1652–1718) eine erneute Blütezeit ein. 1667 bekam das kleine Fürstentum durch Erbfolge Stadt und Land Jever samt Insel Wangeroog an der friesischen Küste als Exklave zugesprochen. In Zerbst begann 1681 der Bau des neuen Schlosses. Der Niederländische Baumeister Ryckwaert konzipierte eine aufwändige Dreiflügelanlage, deren Umsetzung die Fürsten bis über die Mitte des 18. Jahrhunderts beschäftigte. Marstall,

Reithalle, Teehäuschen und ein Hoftheater komplettierten die Anlage. Das höfische Repräsentationsbedürfnis führte auch zu einer kulturellen Blüte. Hofkapellmeister wurde Johann Friedrich Fasch (1688–1758), bedeutender Zeitgenosse von Bach und Telemann, mit denen er auch in Kontakt stand. Sein in Zerbst geborener Sohn wurde schließlich Begründer der Berliner Singakademie. Das Wirtschaftsleben wurde immer noch hauptsächlich durch den Gemüseanbau bestimmt. 1691 etablierte sich eine Gold- und Silberwarenmanufaktur und 1721 eine Fayencefabrik. Politisch spielte das kleine Ländchen kaum eine Rolle.

1729 wurde im preußischen Stettin dem dortigen Stadtkommandanten und Fürsten der Nebenlinie Anhalt-Zerbst-Dornburg, die 1742 in Zerbst an die Regierung kam, die Prinzessin Sophie Auguste Friederike geboren. Sie wurde 1744 auf die Reise nach Russland geschickt, mit dem russischen Thronfolger Peter verheiratet und regierte schließlich ab 1762 als Zarin Katharina II. bis zu ihrem Tod 1796 das mächtige russische Reich. Der letzte regierende Fürst von Anhalt-Zerbst sollte ihr Bruder Friedrich August werden. Er war einer der berüchtigten Soldatenhändler, die zur Zeit der amerikanischen Befreiungskriege Landeskinder an die Engländer verkauften. Die Zerbster waren froh, als er 1793 kinderlos starb. Das Land wurde 1797 aufgeteilt. Zur Freude der Einwohner kam die Stadt zu Anhalt-Dessau. Der fortschrittliche Fürst Leopold Friedrich Franz förderte nach Kräften das heruntergekommene Städtchen. Dennoch konnte die Stadt nicht wieder zu ihrer alten Blüte gelangen, Dessau entwickelte sich zum Zentrum Anhalts.

Erst 1863 bekam die Stadt Bahnanschluss. Vom Bahnhof, weit außerhalb der Stadt gelegen, wurde 1891 eine Pferdebahn von dort zum Markt eingerichtet, die bis 1928 verkehrte und dann durch Busse ersetzt wurde. Industrie entwickelte sich kaum. Bedeutung erlangte eine 1867 gegründete Eisengießerei, die später Werkzeugmaschinen produzierte. Vorrangig war die Landwirtschaft.

Neben Frühgemüse und Zwiebeln – noch heute werden die Zerbster als „Bollenlatscher" bezeichnet – wurde besonders Spargelanbau betrieben. Das Stadtbild änderte sich kaum. Neu gebaut wurde hauptsächlich außerhalb der Stadtmauer. In Richtung Bahnhof siedelten sich verschiedene Betriebe an. In den 1920er und 1930er Jahren entstanden Stadtrandsiedlungen. Das idyllische Stadtbild, geprägt von mittelalterlicher Stadtmauer, von Fachwerkhäusern und vom prächtigen Residenzschloss, in dem seit 1920 ein Museum mit bedeutenden Schätzen des Landes Anhalt untergebracht war, wurde Anziehungspunkt für die Touristen. Mit dem Beginn des 2. Weltkrieges sollte sich das ändern. Am 16. April 1945 wurde Zerbst durch einen alliierten Fliegerangriff in Schutt und Asche gelegt. Fast 600 Tote waren zu beklagen. Die Stadt war zu 80% zerstört, viele kulturgeschichtliche Schätze unwiederbringlich vernichtet. Um 1950 setzte der Neuaufbau ein. Erste Neubauten sollten an das historische Stadtbild erinnern, erwiesen sich aber als zu aufwändig. 4.000 zerstörte Wohnungen mussten ersetzt werden. Bald bestimmten Kräne das Baugeschehen. Bis in die 1980er Jahre entstanden zahlreiche Plattenbauten, die die Stadt gesichtslos werden ließen. Großen Umbruch auf allen Gebieten brachte die Wende 1989 und die Wiedervereinigung 1990. Trotz vieler positiver Veränderungen ist auch in Zerbst noch lange nicht alles so, wie es sich die Bürger wünschen.

1.000 Jahre Stadtgeschichte haben der Stadt immer wieder ein neues Gesicht gegeben. Viele Zeugen dieser langen Geschichte hat der 2. Weltkrieg vernichtet. Vieles ist aber noch zu entdecken. Vielleicht haben Sie, liebe Gäste, die Geduld dazu und vielleicht regt es die Zerbster an, sich das eine oder andere in Erinnerung zu rufen.

Heinz-Jürgen Friedrich
Zerbst, im Oktober 2008

$\mathcal{D}$icht beim Heidetor, das die Besucher aus nordöstlicher Richtung durchschreiten, führt der Weg in Richtung Markt vorbei an der mächtigen Ruine der Stadtkirche Sankt Nicolai. Der Blick in den Chor der unzerstörten Kirche lässt ein mächtiges Kirchenschiff erkennen. Die historische Aufnahme zeigt die imposanten Dimensionen des Baus, dessen Ursprünge im Ende des 12. Jahrhunderts liegen. Weitere Bauphasen im 15. und 16. Jahrhundert lassen sich noch heute genau ablesen. Geweiht ist sie dem Heiligen Nikolaus, dem Schutzpatron der Händler. Um die Kirche herum befanden sich, wie noch heute an den Straßennamen ablesbar, die einzelnen Marktbereiche. Der innere Schmuck der Kirche wurde Opfer des Luftangriffs vom 16. April 1945.

$\mathscr{V}$on den Türmen der Nicolaikirche hat man einen weiten Blick über den Stadtbereich und die Umgebung. Im Mittelalter bezahlte die Stadt einen Türmer, der auf ausbrechende Brände im Stadtbereich zu achten hatte und anmarschierende Feinde melden musste. Die Türme sind wieder begehbar. Die Besucher genießen von der 30 m hohen Plattform einen interessanten Blick. Die Aufnahme zeigt einen Blick über das rund 80 m lange Kirchenschiff in Richtung Osten. Links im Hintergrund erkennt man das Heidetor. In der Bildmitte ist die Trinitatiskirche zu sehen, die Schlossbaumeister Cornelis Ryckwaert 1696 im Auftrag des Fürster Carl Wilhelm für die lutherische Gemeinde fertig stellte. Die Lutheraner mussten sich bis dahin mit den Kalvinisten die Nikolai-

Auf dem Nordturm von Sankt Nicolai befindet sich die Glockenstube. Sieben Glocken befanden sich bis 1945 in den Türmen der Nikolaikirche, darunter auch die größte Glocke Anhalts. Die Gloriosa wurde 1378 gegossen, hat einen Durchmesser von 2 Metern und wiegt über 5 Tonnen. Ursprünglich hing sie im Südturm der Kirche, konnte dort aber wegen Beschädigung des Turmes nicht mehr geläutet werden. 1934 wurde für sie im Nordturm ein stählerner Glockenstuhl errichtet. 1945 wurde dieser Glockenstuhl arg in Mitleidenschaft gezogen. Drei andere Glocken wurden beschädigt. Der Förderkreis St. Nicolai Zerbst e.V., der sich seit 1990 intensiv um die Sicherung und schrittweise Restaurierung der Kirche bemüht, konnte mit Hilfe von Fördermitteln und dem Einsatz vieler engagierter Bürger Glockenstuhl und Glocken wieder in altem Glanz entstehen lassen.

$\mathcal{D}$er Blick vom Südturm der Nicolaikirche auf den unzerstörten Markt zeigt die beeindruckende Größe dieses Platzes. Die Häuser rechts und links weisen in ihren Ursprüngen auf die mittelalterliche Kaufmannssiedlung hin. Die Aufnahme rechts oben zeigt den heutigen Zustand des Marktes. Viele der attraktiven Häuser waren vernichtet und wurden erst Anfang der 1980er Jahre in Großblockbauweise errichtet. Rechts unten ist eine Ansicht der nördlichen Marktseite um 1930 zu sehen. Imposant ist das Rathaus, dessen Ursprünge auf das 14. Jahrhundert zurückgehen. Daneben der Marktplatz 1945. Die Ruine wurde um 1950 abgetragen. Eine Neubebauung war erst im Oktober 1989 fertig gestellt. Im Rahmen der Sanierung innerhalb des Stadtbereiches erfolgte 2007 die Abtragung des Gebäudes.

*N*ur noch wenige attraktive Häuser lassen die ursprünglich großzügige Bebauung der Westseite des Marktes erkennen. Schon im Mittelalter teuerster Baugrund in der Stadt, siedelten hier hauptsächlich wohlhabende Händler. Noch bis 1945 war das Marktbild im Wesentlichen durch Geschäfte geprägt. Die historische Aufnahme unten, die die östliche Seite des Bereiches abbildet, gibt davon einen Eindruck. Verkaufseinrichtungen von großen Kaufhäusern bis zu kleineren Geschäften, aber auch zwei große Hotels, mehrere Gaststätten und die Rats- und Stadtapotheke, gegründet 1582 und damit die älteste in Anhalt, belebten das Marktgeschehen. Aus unterschiedlichsten Gründen hat sich das Einkaufszentrum von Zerbst mehr und mehr zur Breite verlagert. Der Marktplatz als ehemaliges städtisches Zentrum hat seine Bedeutung eingebüßt. Dies wieder herzustellen wird die Zerbster in den nächsten Jahren beschäftigen.

𝒱on der einstigen Bedeutung der Stadt zeugen bis heute die auf dem Markt zu findenden Stadtsymbole. Der Roland, der drittälteste erhaltene in Deutschland, wird erstmals 1385 in der Ratschronik genannt. Dem Mörder eines Ratsherrn wird in diesem Jahr auf dem Markt bei dem Roland das Haupt abgeschlagen. Deshalb wird er auch als Zeichen der Gerichtsbarkeit gesehen. Die Stadt hatte seit 1397 ein Femgericht, das über todeswürdige Strafen entschied.

Schwieriger ist die Deutung der Butterjungfer, deren beide erhaltenen Figuren links und rechts vom Roland abgebildet sind. 1403 erstmals genannt, wird sie im Zusammenhang mit einer Zollbefreiung von 1259 gesehen. Eine reiche Zerbsterin soll Bauern von der Zahlung eines Zolls für den Verkauf ihrer Produkte auf dem Markt befreit haben. Die Sage davon werden Sie bei einem Besuch in Zerbst sicher erfahren. Die Figur links stammt aus dem Jahr 1647 und ist heute auf dem Markt zu sehen. Sie hält einen Geldbeutel. Die Kugel der Figur von 1516, die im Museum der Stadt aufbewahrt wird, wird als Butterklumpen gedeutet.

Auf dem Hof des ehemaligen Franziskanerklosters ist dieser Stadtmauerturm zu sehen, der seit über 50 Jahren dem im Kloster untergebrachten Gymnasium als Sternwarte dient. Eine Stadtbefestigung ist schon Ende des 13. Jahrhunderts nachweisbar. Vollständig geschlossen wurde der Mauerring im 16. Jahrhundert. Wehrgänge, noch heute an einigen Stellen zu sehen und bei Stadtführungen zu begehen, Wachhäuser und Türme, die verschiedenste Funktionen hatten, sind noch heute zu finden. Ganz besonders ist das hier in diesem Bereich und weiter nach Norden so. Um das Heidetor herum war Heidelandschaft, also trockenes Gebiet. Für Feinde der Stadt ein bequemer Anlaufpunkt. Links vom abgebildeten Turm, der auch einmal Gefängnis der Stadt gewesen sein soll, überstiegen Truppen Ernst von Mansfelds 1626 die Mauer und nahmen die Stadt ein.

Eines der ältesten in Gänze erhaltenen Gebäude mit einer interessanten Geschichte ist das Franziskanerkloster, dessen Ursprünge auf das 13. Jahrhundert zurückgehen. Zu sehen ist die Westseite der Klosterkirche. 1526 während der Reformation von Zerbstern besetzt, wurde hier zunächst eine Lateinschule eingerichtet. 1582 ließ das kalvinistisch geprägte Fürstenhaus hier unter dem Namen Gymnasium illustre eine Landesuniversität einrichten, als Gegenpol zum lutherischen Wittenberg. In dieser Zeit entstand das Gebäude rechts als Auditorium und Rektorenwohnung. Das Denkmal wurde 1903 errichtet und erinnert an den Dessauer Fürsten Franz, der im Gebäude nach verschiedenen Umbauten 1803 eine Hauptschule einrichtete, aus der sich ein bis heute existierendes Gymnasium entwickelte. Nach Süden erstrecken sich zwei Lichthöfe, dazu gehörige Kreuzgänge und anschließende Klosterräume.

Eine relativ junge Einrichtung im Gebäude ist das Museum der Stadt Zerbst. Es wurde 1950 durch Heimatfreunde gegründet. Die doppelten Kreuzgänge, von denen das linke Bild einen Eindruck gibt, und die dazu gehörigen Räume des gesamten Erdgeschosses zeigen die Reformations- und Schulgeschichte der Stadt Zerbst und des Landes Anhalt. Unten ein Blick in den Karzer, das Schulgefängnis, dessen älteste Inschrift von 1680 stammt.

Ein wahres Kleinod im Kloster stellt die romantisch anmutende Bibliothek dar. Sie wurde von Fürst Franz 1803 mit der Gründung der Hauptschule eingerichtet. Grundstock bildete die Universitätsbibliothek, in der auch die Dissertationen der Studenten aufbewahrt wurden. Im Gebäude befand sich eine eigene Druckerei. 1582 eingerichtet, war sie die erste im Land Anhalt. Dazu brachte der Fürst die gut bestückte Bibliothek des Rates der Stadt und die Bibliothek des kirchlichen Bartholomäistifts hier unter. 45.000 Bände aus allen Wissensgebieten, darunter Handschriften aus dem 10. Jahrhundert, wertvolle Inkunabeln und eine umfangreiche Sammlung von Leichenpredigten sind bis heute erhalten.

$\mathcal{N}$icht zu erkennen sind auf dem neuen Foto die Reste des ehemaligen Augustinerklosters. Der rot gestrichene Teil mit den wuchtigen Pfeilern stammt aus der Erbauungszeit der Anlage Ende des 14. Jahrhunderts.
Hier predigte Martin Luther 1522 vor seinen Ordensbrüdern. Die Mönche verkauften 1525 das Gebäude an den Rat der Stadt, der hier ein Hospital einrichtete, eine Pflegestätte für alte und kranke Menschen. 1566 wurden durch Brand die größten Teile der Anlage vernichtet. Seitdem hat sich der Komplex immer wieder verändert. Geblieben ist die Funktion. Heute dient es als Alten- und Pflegeheim.

An das dritte Zerbster Kloster erinnert am Ende der Breite die Frauenmühle, die 1299 erstmals erwähnt wird. Schon lange keine Wassermühle mehr, wird die Mühleinrichtung nur noch für Besichtigungszwecke genutzt. Vom Zisterzienserinnenkloster, 1214 gegründet und Ende des 13. Jahrhunderts hier eingerichtet, ist nur noch ein Rest der Klosterkirche zu entdecken. Im Kloster predigten zur Reformationszeit Melanchthon und Bugenhagen, enge Vertraute Luthers.

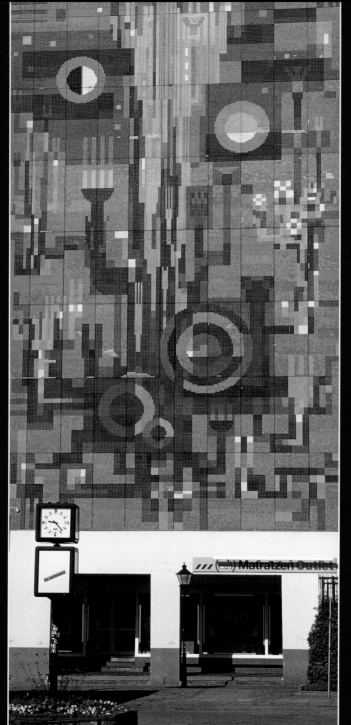

$\mathscr{N}$eu gebaut wurde in den 1970er Jahren auch das Hochhaus an der jetzigen Bundesstraße 184, im Bereich Kreuzung Markt/Alte Brücke, ein siebengeschossiges Hochhaus, von denen mehrere geplant waren, dieses allerdings als einziges errichtet wurde. Geplant war eine Gestaltung der östlichen Giebelseite auch als Blickfang für Durchreisende. Den Auftrag mit der Maßgabe der Versinnbildlichung von der Struktur des Kreises Zerbst, die von Industrie und Landwirtschaft bestimmt war, wurde dem Magdeburger Künstler Dietrich Fröhner übertragen. Er konzipierte ein Wandbild, das sich aus unzähligen Glasmosaiksteinen zusammensetzt. Aus mehreren vorliegenden Entwürfen entschieden sich die Zerbster für das 1976 umgesetzte und das Haus immer noch prägende abgebildete Motiv. Nach anfänglichen Diskussionen ist das Bild schon längst akzeptiert.

Zu sehen ist die Feldseite des Breitenstraßentors. Ihm begegneten die Reisenden aus Richtung Magdeburg. Fünf Stadttore waren ursprünglich an der Stadtmauer zu finden. Als die Mauer ab der Mitte des 19. Jahrhunderts ihre Bedeutung verlor und auch die Tore für den zunehmenden Straßenverkehr hinderlich wurden, begann man wie in anderen Städten auch in Zerbst mit dem Abriss.

Zerbst. Breitestraßentor

Als um 1872 schon das Akensche Tor und das Ankuhnsche Tor abgetragen waren, sorgte ein denkmalsfreudiger Herzog aus Dessau mit Bereitstellung von finanziellen Mitteln für den Erhalt und die Restaurierung der Mauer und der noch erhaltenen drei Tore.

*F*rüher war die Breite der Mittelpunkt der Burgsiedlung. Auch heute hat sich die Straße, inzwischen neu gestaltet, zu einem Zentrum innerhalb des Stadtkerns herausgebildet. Noch viele Häuser erinnern an die reiche historische Bausubstanz, die Zerbst einst prägte. Viel Trubel ist in diesem Bereich besonders zu den Stadtfesten, die sich hier und der links liegenden Schlossfreiheit abspielen.

*W*er am Gildehaus links abbiegt in die Mühlenbrücke wird sich in das alte Zerbst zurück versetzt fühlen. Die kleine verwinkelte Gasse gibt einen Eindruck vom ursprünglichen Aussehen des alten Stadtbildes. In der Mitte der Straße wird man die ehemalige Mühle entdecken. Besonders sehenswert ist das aufwändig geschnitzte Eingangsportal von 1667.

$\mathcal{D}$ie gegenübergestellten Aufnahmen von neu und alt zeigen, dass sich auch die Hof- und Stiftskirche Sankt Bartholomäi und ihr freistehender Glockenturm nach 1945 verändert haben. Der Betrachter sieht die Kirche von der Breite aus in Richtung Schloßfreiheit. Die Entstehung der Kirche geht auf das Ende des 12. Jahrhunderts zurück. Erste urkundliche Erwähnung ist 1215. Da sie zur Burgsiedlung gehörte, war hier auch die fürstliche Gruft. Der im Krieg ausgebrannte hintere Teil der Kirche wurde ab Ende 1980 rekonstruiert und wird heute als Sommerkirche genutzt. Der Bartholomäiturm, von den Zerbstern bis heute als „Dicker Turm" bezeichnet, wurde der Kirche erst um 1430 zugeordnet. Ursprünglich war er Wehrturm der Vorburg und hatte die vorbeiführende Straße Leipzig–Brandenburg zu sichern. Schon in früheren Zeiten waren im Turm Geschäfte untergebracht. 2008 hat der Gärtner und Gemüsebauer Genth, eine Familie mit langer Tradition, hier einen ansehnlichen Blumenladen eingerichtet.

Zerbst in Anhalt.
Bartholomäikirche und Turm.

$\mathscr{D}$em Feiern sind die Zerbster nicht abgeneigt. Der Reigen beginnt im Februar mit den Kulturfesttagen, die 2009 zum 44. Mal stattfinden. Im Mittelpunkt stehen Kunstausstellungen, Konzerte und Theaterveranstaltungen. Auch der Karnevalsklub ist ausgesprochen aktiv. Alle zwei Jahre folgen dann im April die Internationalen Fasch-Festtage, die mit wissenschaftlicher Konferenz und hochkarätig besetzten Konzerten an den barocken Hofkapellmeister J. F. Fasch erinnern. Wie auf den vorangegangenen Seiten gesehen, wird es zum Spargelfest Anfang Mai dann ausgesprochen gemütlich. Höhepunkt ist die Krönung des Spargelschälweltmeisters. Ähnlich geht es beim Bollenmarkt Anfang Oktober zu. Der ist schon seit vielen Jahren mit einer gut besuchten Gewerbefachausstellung verbunden, die auch von den Gewerbetreibenden aus der näheren und ferneren Umgebung gern genutzt wird.

*R*aum für diese Veranstaltungen bietet immer wieder der Schlossgarten. Das Schloss, von dem auf der Abbildung das letzte erhaltene Drittel als Ruine zu sehen ist, beginnt langsam sein Aussehen zu verändern. Seit einigen Jahren bemüht sich ein Förderverein, die restliche Bausubstanz des kulturhistorisch wertvollen Gebäudes, das seit den 1920er Jahren auch ein bedeutendes Museum mit beachtlichen Schätzen des Landes Anhalt beherbergte, zu restaurieren. Inzwischen sind etliche Räume für Besucher zugänglich und verschiedene, auch gesellige Veranstaltungen wecken mehr und mehr Interesse für das Gebäude.

Die fürstliche Reithalle, die heute als Stadthalle genutzt wird, ist fest in das kulturelle Leben eingebunden. Vor der Halle präsentieren sich Springreiter. Sie sind Teil des größten Zerbster Stadtfestes, dem Heimatfest Anfang August. 1879 lobten der Verkehrsverein und der Landwirtschaftliche Verein eine Lotterie aus, die den Viehhandel in Zerbst beleben sollte. Sie wird mit kurzen Unterbrechungen bis heute durchgeführt. Offizieller Anklang ist dabei ein Reit- und Fahrturnier, das viele Gäste nach Zerbst lockt.

Auf der gegenüberliegenden Seite ist der idyllische Schlossteich zu sehen. Der wurde zum Stadtschutz schon im Mittelalter angelegt und erfreute im 18. Jahrhundert den Schlossherren und seine Begleiter.

Mittelpunkt des elf Tage dauernden Heimatfestes ist für die meisten Besucher der Vergnügungspark. Karussells und viele gastronomische Einrichtungen bestimmen das sonst eher beschauliche Bild des Schlossgartens. Bis spät in die Nacht wird gefeiert und im großen Festzelt wird zum Tanz aufgespielt. Absoluter Höhepunkt ist das Höhenfeuerwerk, mit dem das Heimatfest seinen Abschluss findet. Wie die vorhergehenden Seiten zeigen, ist die große Parkanlage auch Austragungsort für vielfältige sportliche Ereignisse. Helmuth Behrendt, seit 1990 Bürgermeister von Zerbst, eröffnet im Schlossgarten den Gesundheitslauf der Deutschen Angestelltenkrankenkasse.

Die Geschichte der Buchhandlung Gast nimmt ihren Anfang im Juni 1865 mit ihrer Gründung durch den Buchhändler Hermann Zeidler. Im Jahr 1878 erwarb Friedrich Gast sen. die Hofbuchhandlung, die dann 1919 von seinem Sohn übernommen wurde. Dieser beschäftigte sich auch mit der Herausgabe von Heimatliteratur und bereicherte die Kultur in der Stadt auch nach 1945 mit seinen legendären Kulturabenden. Unter anderem holte er den Dresdner Kreuzchor, den Thomanerchor, die Wiener Sängerknaben, die Comedian Harmonists, Kurt Masur, Mitglieder der Staatsopern Berlin und Dresden, um nur einige zu nennen, nach Zerbst. Zunächst auf dem Markt etabliert, musste er nach dem 2. Weltkrieg seine Buchhandlung in der heutigen Fritz-Brandt-Straße einrichten. Fritz Brandt, ein Zerbster, wurde 1944 wegen Wehrkraftzersetzung hingerichtet. Das Gebäude, direkt an der Stadtmauer, wurde um 1890 errichtet. Die Tradition der Buchhandlung Gast ist bis heute nicht verloren gegangen. 1986 übernahm Frau Hannelore Seidler das Geschäft, das sie ganz im Sinne der Buchhändlerfamilie Gast führt.

In Richtung Bahnhof entstanden hauptsächlich im 19. Jahrhundert neue Bauten. 1896 wurde das
abgebildete Postgebäude errichtet. Der imposante Turm nahm die Leitungen der neu eingerichteten
Telefonleitungen auf. Gegenüber befindet sich das 1902 fertig gestellte Kreishaus.

Die Aufnahme zeigt die Volksschule I und die Gaststätte „von Rephuns Garten".

$\mathcal{D}$ie heute immer noch gern besuchte Gaststätte „von Rephuns Garten" hat ihr Aussehen immer wieder verändert. Das ursprüngliche Gebäude wurde 1895 errichtet. Das anschließende Gelände ist eine Parkanlage aus den 18. Jahrhundert. Die Familie von Rephun ist eng verknüpft mit der Zerbster Stadtgeschichte. Der Namensgeber war um 1800 Kammerherr und Forstrat am Hof des Fürsten von Anhalt-Zerbst. Als wohlhabender Bürger wollte er der Stadt eine Stiftung hinterlassen. Die sollte 150 Jahre überdauern, aber Kriege und inflationäre Entwicklungen haben seine angelegten 50.000 Taler wertlos werden lassen. Nur noch die Gaststätte und der Park erinnern heute an den Wohltäter.

$\mathcal{K}$ulturhistorisch interessant sind die Zerbster Friedhöfe. Sie befanden sich ursprünglich auf den Kirchhöfen. Epidemien, besonders die immer wieder ausbrechende Pest, forderten auch in Zerbst viele Tote. Bald reichten die Begräbnisplätze auf den Kirchhöfen nicht mehr aus. Die Zustände müssen furchtbar gewesen sein. 1505 beklagte sich einer der Fürsten von Anhalt beim Rat der Stadt, dass der Totengräber die Gräber auf den Friedhöfen nächtelang offen ließe und die Bürger sich über den Gestank beschweren würden. So entschloss sich der Rat der Stadt, Bestattungen außerhalb der Stadtmauer vorzunehmen. 1582 wurde der Heidetorfriedhof angelegt. Es war ein Jahr, in dem wieder einmal die Pest in der Stadt wütete Das Portal stammt aus dem Jahr der Errichtung. Die ersten Beisetzungen auf diesem neuen Friedhof waren Pestopfer. >

$\mathcal{D}$ie Schule wurde 1888 als Volksschule errichtet. Aufregung brachten während der Erbauung Funde von Skeletten. In diesem Bereich befand sich vom Mittelalter bis in das 18. Jahrhundert der Friedhof vom Hospital zum Heiligen Geist, das sich im Gebiet des nahe gelegenen Geisthofes befand.
Auf einer Grünfläche vor der Schule, auf der sich ein trockengelegter Teich befand, in dem Brauer ihre Braupfannen reinigten, ist in den Sommermonaten ein aus Blumen gestaltetes Stadtwappen zu bewundern.

Aus den gleichen Gründen wurde der Friedhof der Bartholomäikirche 1595 vor das Frauentor verlegt. Das reich geschmückte Renaissanceportal ist mit einem Spruch aus dem Buch Hiob und der Jahreszahl der Errichtung versehen.

Auf beiden Friedhöfen ermöglichen noch heute historische Grabstätten einen Blick in die Geschichte der Stadt. Die Abbildung auf der vorhergehenden Seite und die Aufnahme links vermitteln Eindrücke vom Heidetorfriedhof.

*I*n der Nähe des Heidetores finden in den Sommermonaten die Wasserratten ihr Vergnügen. Die erste öffentliche Badeanstalt wurde 1902 eingerichtet. 1935/36 wurde neu und den damaligen Anforderungen entsprechend ein modernes Freibad errichtet. Die Schwimmbecken waren wettkampfgerecht angelegt, auch ein 10-Meter-Sprungturm wurde gebaut. Hintergrund war, dass das Zerbster Schwimmbad als Ausweichmöglichkeit für die Schwimmwettkämpfe der 1936 in Berlin stattfindenden Olympiade vorgesehen war. Das ganze Bad wurde nach 1990 völlig neu gestaltet. An das alte Freibad, das vielen Zerbstern noch in guter Erinnerung ist, erinnert heute lediglich der im Bildhintergrund erkennbare Eingangsbereich.

45

Im Mittelalter ein selbständiger Marktflecken, der eine eigene Verwaltung besaß und im 16. Jahrhundert als „Städtlein" benannt ist, wurde der Ankuhn, nördlich der Zerbster Innenstadt gelegen, im Zuge der Revolution von 1848/49 in die Stadt eingemeindet. Urkundlich genannt wird er erstmals 1213. Im Jahre 1214 wurde im Bereich der abgebildeten Marienkirche ein Armenhospital durch Ida von Zerbst in ein Nonnenkloster umgewandelt, deren Bewohnerinnen etwas später in Zerbst siedelten.

Der Friedhof um die Kirche herum war Begräbnisstätte für die Zerbster Henker, deren Haus im Ankuhn noch steht. Zwei der schönen Barocksteine werden mittlerweile in der Kirchenruine, die in den letzten Jahren gesichert wurde, aufbewahrt.

$\mathcal{B}$ekannt ist der Ankuhn seit Jahrhunderten durch den Gemüseanbau, der im ganzen Zerbster Gebiet vorherrschend war. Über 600 Hektar der Gesamtfläche von Zerbst waren Gemüseland. 60 % davon gehörten zum Ankuhn. In den 30er Jahren des 20. Jahrhunderts arbeiteten hier rund 200 Gemüsebaubetriebe mit über 1000 Beschäftigten. Neben fast allen Gemüsesorten, die auch heute noch auf den Märkten in der Stadt und der Umgebung angeboten werden und einen guten Ruf haben, setzte sich nach dem 1. Weltkrieg bei den „Ankuhner Krautern" verstärkt der Spargelanbau durch. Von den 600 Hektar Anbaufläche wurden um 1930 gut ein Drittel für den Spargelanbau genutzt. Riesige Mengen wurden vermarktet. So gingen beispielsweise in der Saison 1931

*I*m 18. Jahrhundert ging das Gelände in Privatbesitz über. Die neuen Eigner legten einen Park mit großzügiger Bebauung an, von dem heute nur noch Kleinigkeiten zu entdecken sind. Mit dem Ausschankprivileg für Kaffee entwickelte sich ein beliebtes Ausflugsziel nicht nur für Zerbster. Mittlerweile ist das sternengekrönte Parkrestaurant eine bekannte gastliche Stätte bei Feinschmeckern. Die Eule, die der Fotograf im Park entdeckt hat, stand bei den Fürsten nicht auf der Speisekarte und in der jetzigen mit Sicherheit auch nicht.

*E*in ganzes Stück hinter dem Ankuhn, idyllisch in die Landschaft eingebettet, befindet sich der Vogelherd. Das ehemals sehr sumpfige Gebiet mit seinem Insektenreichtum war ein Vogelparadies. Schon im Mittelalter saß hier der fürstliche Vogelfänger, der zur Bereicherung des Speiseplans der Schlossherren beitrug.

*A*uch in der Umgebung von Zerbst wartet manche Entdeckung. Lindau, nordöstlich von Zerbst gelegen, ist ein Burgwartbezirk, der 1179 erstmals erwähnt wird. Die Grafschaft Lindau ging 1524 an die Fürsten von Anhalt. 1856 erhielten die Lindauer das Stadtrecht. Ab 1910 nutzte man die Moorerde der Nutheniederung für Heilzwecke. Ein Eisenmoorbad entstand. Für die illustren Gäste wurde ein attraktiver Park angelegt. Auch zu DDR-Zeiten hatte Lindau einen guten Ruf als Kurstadt. Jetzt heilte man hier Patienten mit Diätproblemen. Seit der Wende verfallen die Sanatoriumsgebäude mehr und mehr.

$\mathcal{I}$m Jahre 1863 wurde neben der sehenswerten Kirche im Ort auch der Bergfried der Burg, von dem nur noch die Grundmauer stand, erneuert. Auf die ursprüngliche Höhe verzichtete man dabei. Heute erinnern nur noch der Turm und die Umfassungsmauer an die wehrhafte Anlage. In den letzten Jahren bemühten sich die Lindauer intensiv um die Gestaltung des Burggeländes. So ist eine Freilichtbühne vor der Burg entstanden, die für unterschiedlichste Veranstaltungen genutzt wird.

Im Nordosten von Zerbst geht die Landschaft allmählich von Wäldern auf sanfte Hügel über. Es ist das Gebiet des Flämings. Eines seiner typischen Dörfer ist das beschauliche Grimme, das auf der vorherigen Seite abgebildet ist. Ein modern ausgestattetes Wanderheim bietet Schulklassen und Touristen Unterkunft.

In südlichwestlicher Richtung wird das Zerbster Gebiet von der Elbauenlandschaft geprägt. Das Bild zeigt einen Blick auf den Amtsturm der Walternienburger Wasserburg, die bei Überschwemmung der Elbe vom Hochwasser eingeschlossen ist. Die Burg zerfiel in den letzten Jahrzehnten immer mehr. Der Turm konnte restauriert werden. Wer ihn besteigt, hat einen wunderbaren Blick auf die Elblandschaft.

*D*ie Reisenden sind bald in Aken auf der westlichen Seite der Elbe. Brücken sind in weiterem Umkreis nicht zu finden. Die Elb-übergänge in der Zerbster Gegend, die schon seit Hunderten von Jahren benutzt werden, werden durch Fähren gewährleistet. Die Gierfähren sind „gemütliche" Fähren, kein Motorenlärm stört die Passagiere. Die Strömung des Wassers drückt das Fahrzeug von einem Ufer zum anderen. Unbequem wird es, wenn im Winter bei starkem Eisgang der Fährverkehr eingestellt werden muss. Dann sind weite Wege in Kauf zu nehmen. So wurde immer wieder über den Bau einer Brücke diskutiert. In Aussicht steht keine. Das Gebiet gehört zum streng geschützten UNESCO-Biosphärenreservat. Die Auenlandschaft mit ihrer Vielfalt an Tieren – im Gebiet gibt es zahlreiche Bibervorkommen – soll als Stück halbwegs intakter Natur erhalten werden.

$\mathcal{V}$ersteckt im dichten Wald nahe der Elbe zwischen Steckby und Tochheim wird der Wanderer auf vier mächtige Pfeiler stoßen. Sie sind Überreste eines Sommerschlosses, das die Zerbster Fürsten im 18. Jahrhundert errichteten und das Anfang des 19. Jahrhunderts abgetragen wurde.

$\mathcal{E}$ine historisch interessante Anlage in der Zerbster Umgebung ist das auf den folgenden Seiten abgebildete Schloss Leitzkau. Nach der Eroberung der slawischen Gebiete legten Prämonstratensermönche hier eine Klosteranlage an, deren romanische Basilika noch zu besichtigen ist. Nach der Reformation ging es in den Besitz der Familie von Münchhausen über, die hier drei Schlösser errichteten. Auf dem Bild ist das in Weserrenaissance erbaute vordere Schloss zu sehen. Heute ist es Sitz der Stiftung Dome und Schlösser in Sachsen-Anhalt. Im Sommer 2008 war die Basilika vom Schloss Leitzkau sogar Drehort für die Buchverfilmung „Die Päpstin".

Dank: Der Verlag bedankt sich herzlich bei Frau Seidler, Inhaberin der Buchhandlung Gast in Zerbst, für die freundliche Zusammenarbeit, ohne die der vorliegende Bildband nicht zustandegekommen wäre.

Titel: Heidetor

Rücktitel: Katholische Kirche

Schloss Dornburg/Elbe

© by STADT-BILD-VERLAG LEIPZIG 2009
Alle Rechte beim Verlag.
Satz, Lithos, Druck und Binden:
Leipziger Medienservice
Gerichtsweg 28 · 04103 Leipzig
Fernruf: 0341-22 10 22 9 · Telefax: 0341-22 10 22 6
Fernpost: stadtbild@t-online.de
http//www.stadt-bild.de
ISBN 978-3-937126-76-0

Herausgeber: Buchhandlung Gast, Zerbst
Die Abbildung auf S. 45 wurde von Uwe Rühle zur Verfügung gestellt.